MONSTRUO TRANQUILO, MONSTRUO AMABLE

GUÍA DE **SESAME STREET** PARA LA **CONCIENCIA PLENA**

Karen Latchana Kenney

ediciones Lerner ◆ Mineápolis

Aprender a reconocer y manejar las emociones es una parte importante de crecer. Una vez que logras pensar con calma y hacer una pausa antes de actuar, controlar las emociones se vuelve mucho más fácil. Por eso veamos cómo tus amigos divertidos y peludos de *Sesame Street* te enseñan algunas maneras fáciles de crecer siendo más tranquilos, amables y conscientes.

Saludos.

Los editores de
Sesame Workshop

Contenido

Soy consciente

¡Hay tanto que hacer todos los días!

La conciencia y la respiración abdominal pueden ayudarte a mantener la calma.

Inspira lentamente por la nariz y exhala por la boca.

¡A Elmo le está costando mucho dormirse!

Pero sabe qué hacer. Elmo le dice buenas noches a cada parte de su cuerpo.

¡Ahora inténtalo tú!

Comienza con los dedos de los pies. Buenas noches, deditos. Buenas noches, pies. Buenas noches, tobillos. Buenas noches, rodillas.

A Telly le preocupa su primer día de clase de música.

Telly respira. Concentra toda su atención en un triángulo divertido.

¡Inténtalo tú!

Mira algo que realmente te guste.

Respira lentamente y concéntrate solamente en eso.

Yo me concentro en el 3 para calmarme. ¡Es mi número favorito!

Comegalletas
derrama la leche.
¡Se siente tan avergonzado!

Pero está bien. Se dice algo lindo.

¡Inteligente Comegalletas!

Ahora prueba tú el diálogo interno positivo.

Todos cometemos errores algunas veces.
Recuérdate algunas cosas que haces bien.

¿Qué podemos decir para sentirnos mejor? Después intento de nuevo.

¡Rosita está triste!

Tiene que irse de la casa de su abuela.

Cierra los ojos. Entonces se imagina un abrazo.

¿Puedes probar?

Simplemente, cierra los ojos. Entonces, piensa en un abrazo. Incluso podrías abrazar una almohada. ¿Te sientes mejor?

Todos se entristecen. Pero la conciencia plena nos ayuda a sentirnos mejor.

¡Oh, no! Abby rompió su varita.

Está frustrada.

Entonces, cierra los ojos. Usa la respiración abdominal y se imagina soplando burbujas.

¿Puedes soplar burbujas también?

Inspira lentamente por la nariz. Exhala por la boca. Imagina que estás soplando burbujas. ¡O intenta soplar burbujas de verdad!

Algunas veces,
Enrique se
siente solo.

Entonces piensa en Beto.
Enrique está agradecido
de tener un buen amigo.
Se siente mejor.

Tú puedes sentir agradecimiento. Piensa en las personas hacia las que sientes agradecimiento. Demuéstrales tu amor.

Ser un monstruo con conciencia plena es fácil. Y los monstruos con conciencia plena son monstruos felices.

Detente y huele las flores

Camina por tu barrio. Presta atención a lo que te rodea. Tu mente permanece quieta. ¡Puedes ser feliz con solo estar donde estás!

Me encanta oler las flores en mi parque.

Prefiero oler cosas apestosas.

Glosario

concentrarse: pensar en una cosa

conciencia plena: un estado en el que disminuyes la velocidad, prestas atención y te relajas

diálogo interno: decirte cosas a ti

imaginar: forma una imagen en la mente

respiración abdominal: inspirar lentamente por la nariz y exhalar por la boca

Más información

Ballard, Bronwen. *Your Mind Is like the Sky: A First Book of Mindfulness.* London: Frances Lincoln Children's Books, 2019.

Gates, Mariam. *Meditate with Me: A Step-by-Step Mindfulness Journey.* Nueva York: Dial Books for Young Readers, 2017.

Verde, Susan. *I Am Peace: A Book of Mindfulness.* Nueva York: Abrams Appleseed, 2019.

Prueba más de la conciencia plena con *Sesame Street*. Haz que tu papá, tu mamá o un tutor descarguen Breathe, Think, Do con la aplicación Sesame.

Índice

Créditos por las fotografías

Créditos de las imágenes: Biletskiy_Evgeniy/iStock/Getty Images, pp. 4-5; DONOT6/iStock/Getty Images, p. 6; JGI/Tom Grill/Getty Images, p. 8; Westend61/Getty Images, p. 10; jovan_epn/iStock/Getty Images, p. 12; hartcreations/E+/Getty Images, p. 13; Fuse/Corbis/Getty Images, p. 14; serts/E+/Getty Images, p. 16; peterspiro/iStock/Getty Images, p. 18; PhotoAlto/Laurence Mouton/Getty Images, p. 20; SerrNovik/iStock/Getty Images, p. 21; 1933bkk/Shutterstock.com, p. 23; onebluelight/E+/Getty Images, p. 24; darrya/iStock/Getty Images, p. 25; monkeybusinessimages/iStock/Getty Images, p. 28. Elemento de diseño: natrot/iStock/Getty Images (olas en el fondo).

Traducción al español: ® and © 2024 Sesame Workshop. Todos los derechos reservados.
Título original: Calm Monsters, Kind Monsters: A Sesame Street ® Guide to Mindfulness
Texto: ® and © 2021 Sesame Workshop. Todos los derechos reservados.
La traducción al español fue realizada por Zab Translation.

ediciones Lerner
Una división de Lerner Publishing Group, Inc.
241 First Avenue North
Mineápolis, MN 55401, EE. UU.

Si desea averiguar acerca de niveles de lectura y para obtener más información, favor consultar este título en www.lernerbooks.com.

Fuente del texto del cuerpo principal: Mikado. Fuente proporcionada por HVD Fonts.

Library of Congress Cataloging-in-Publication Data

Names: Kenney, Karen Latchana, author. | Children's Television Workshop.
Title: Monstruo tranquilo, monstruo amable : guía de Sesame Street para la conciencia plena / Karen Latchana Kenney.
Other titles: Calm monsters, kind monsters. Spanish | Sesame Street (Television program)
Description: Mineápolis : Lerner Publications, 2024. | Includes index. | Audience: Ages 4-8 | Audience: Grades K-1 | Summary: "Breathing, positive self talk, and calming down-mindfulness includes all this and more. Sesame Street characters present big emotions readers have likely faced alongside simple solutions like belly breathing to help kids cope with what they're feeling. Now in Spanish!"—Provided by publisher.
Identifiers: LCCN 2023012370 (print) | LCCN 2023012371 (ebook) | ISBN 9798765608104 (library binding) | ISBN 9798765620878 (paperback) | ISBN 9798765612491 (epub)
Subjects: LCSH: Emotions—Juvenile literature. | BISAC: JUVENILE NONFICTION / Social Topics / Emotions & Feelings
Classification: LCC BF511 .K4618 2021 (print) | LCC BF511 (ebook) | DDC 152.4—dc23/eng/20230327

LC record available at https://lccn.loc.gov/2023012370
LC ebook record available at https://lccn.loc.gov/2023012371

Fabricado en los Estados Unidos de América
1-1009460-51446-4/14/2023